CONSIDÉRATIONS

SUR L'ÉTAT ACTUEL

DE LA FRANCE.

AVERTISSEMENT.

Ces considérations ont été faites il y a deux mois ; je n'ai pu trouver alors personne qui voulût les imprimer.

Comme elles sont également applicables à ce moment-ci, aux nouvelles prétentions d'un roi de Rome, Napoléon II, et que je trouve enfin les moyens de les faire paraître, je les abandonne au public : cette nouvelle tentative de vouloir remplacer un père dangereux par un fils en bas âge, et qui serait nécessairement sous sa tutelle, n'est à mes yeux qu'un misérable subterfuge, un abus de mots, et une insulte de plus faite **au bon sens**, au sens commun des Français, et de l'Europe assemblée.

Paris, ce 25 juin 1815.

PRÉFACE.

MALGRÉ la devise que j'adopte pour cet écrit, et malgré ma naissance anglaise, je suis, certes, bien loin d'être l'ennemi de la France, ou des Français, ou de personne. Les passions haineuses m'ont toujours paru trop importunes et trop pénibles ; et si, sans prévention et de bonne foi, on voulait passer jugement sur les Anglais d'aujourd'hui, je ne crois pas que, par leur conduite, ils se soient montrés dernièrement les ennemis de la France : car, voudrait-on leur faire un crime de ce que, à cette époque, personne ne pouvant les y contraindre, ils ne renoncèrent pas absolument à leur puissance si chèrement acquise ; qu'ils n'y renoncèrent pas au point de vouloir travailler complaisamment à la suprématie des Français, ou seulement de permettre que cette question de suprématie restât en problème ? Cela n'est, ni dans la nature, ni dans le bon sens ; et je supplierais très-affectueusement mes bien-aimés Français de me laisser leur dire qu'à leur place, à la place de ces mêmes Anglais, si injustement, si insensément décriés par quelques-uns, ils seraient peut-être moins capables de borner aussi modestement leurs prétentions ; et, chemin faisant, que, s'il nous est permis de les croire sur parole, *ils se promettaient bien d'autres supériorités quand ils se flattèrent de nous subjuguer en 1793 et années suivantes.* Le cri général alors des Français était, *Delenda est Carthago !*

Amis des Bourbons, les Anglais n'ont pu être les ennemis des Français. Il faut leur faire la grâce de croire qu'ils ne veulent que la tranquillité de l'Europe et de l'Univers. Car il est possible que, par la paix générale une fois établie, leurs ressources leur assurent beaucoup plus de profit et plus de bonheur qu'un état de guerre quelque heureux qu'il soit.

Cette réflexion doit servir , ce me semble , de garant de leur sincérité; car, sans doute, on ne peut jamais en avoir de meilleur que l'intérêt personnel ou de l'individu ou d'une nation , quoique quelquefois, et pas peu souvent, l'un ainsi que l'autre se trompe dans la poursuite.

Je ne sais si , dans ce moment si intéressant, parmi les nombreux écrits dont Paris et le pays en général est inondé, je serai assez heureux que de me faire lire ; et cette crainte (car on n'écrit que dans l'espoir d'être lu , et même de quelque chose de plus), cette crainte est cause qu'ayant vingt fois commencé cette brochure, j'ai vingt fois consacré aux flammes mes tentatives imparfaites ou je les ai vues passer en fumée. Quoiqu'employé d'une autre façon , le résultat peut fort bien ne pas être plus gracieux pour celle-ci. Mais je me détermine enfin à la laisser paraître, dans l'idée que les sentiments d'un étranger étant tout autres probablement que ceux d'un indigène, posséderaient quelque chose de piquant et pourraient n'être pas sans utilité.

Cette courte Préface fera, j'espère, à la fois l'apologie de mon langage, de mon style, de mes anglicismes et de mon entreprise.

Paris, le 3 juin 1815.

CONSIDÉRATIONS

SUR L'ÉTAT ACTUEL

DE LA FRANCE.

Français,

Il y a trois mois seulement, qu'amis de tous vos voisins, ou devant l'être par intérêt propre, si non par reconnaissance (le mot est un peu dur, un peu choquant même, cela est possible, mais il a le droit de s'y trouver), vous aviez tous vos voisins pour amis ! Et pendant qu'à loisir vous travaillâtes à votre prospérité intérieure, ils vous aidaient, par leur bienveillance, à regagner aussi cette prospérité extérieure, générale ainsi que coloniale, qui, parmi tous les ravages de votre étonnante révolution, depuis vingt-cinq ans, n'existait plus du tout.

Comblés de lauriers, et vainqueurs du continent presque entier, à une certaine époque, avantages (si toutefois ils sont tels) que vous avez payés par des sacrifices inouis, immensément au-delà de leur rapport bénéficiel, vous restâtes pourtant emprisonnés entre les trois mers ! Et dans l'impossibilité de sortir de chez vous, vous n'auriez jamais ni repossédé, ni revu ces belles possessions indiennes et américaines que Louis XVIII, avec la paix et l'amitié du monde entier, vous apportait en dédommagement de cette Belgique tant regrétée, *mais qui ne vous appartenait pas ;* et qui ne valait pas, toute riche qu'elle est, l'indemnité superbe que l'on vous donna. N'importe, telle qu'elle est cette Belgique, et sans qu'elle puisse vous rester, quand bien même pour une seconde fois vous viendriez à vous en emparer, ces colonies et ces possessions lointaines semblent déjà vous être échappées des mains. Il y a ici une fable très-à propos à citer, mais il serait trop messéant de vous la rappeler. Songez seulement combien en tout ceci la conduite des Anglais et des Alliés a été belle et sans exemple !

Mais si, agissant dans un autre sens, étant maîtres de le faire, et disposés à vous imiter, les Alliés avaient exigé de vous, il y a un an, comme vous avez fait chez eux, des contributions pour acquitter les frais de la guerre, de cette guerre si longue, si sanglante, et surtout si dispendieuse; des dépouilles les plus précieuses pour enrichir et embellir leurs capitales; des terres pour récompenser leurs capitaines et pour doter leurs enfants; des régiments formés de votre population pour paralyser vos forces, et prévenir vos efforts futurs; un gouvernement selon leur caprice, et conforme à leur politique, pour mieux assurer votre soumission; toutes choses que vous avez faites ailleurs, partout où vous l'avez pu, qu'auriez-vous dit alors?..... Et tout cela n'étant pas, nulle partie de cette effroyable catégorie n'ayant eu lieu, avec quels faibles sujets de plaintes chimériques, avec quelle chimère de gloire insensée, vous êtes-vous laissé tourner la tête au point de vous lasser, en dix petits mois, d'un état si heureux et si nouveau, pour vous précipiter aujourd'hui avec délire dans le gouffre d'où il vous a tant coûté et d'or, et de larmes, et de sang et de souffrances, et aux autres États aussi, pour vous retirer! Gouffre qui semblait si souvent menacer de vous engloutir pour toujours, et de vous

faire disparaître à jamais de la liste des nations !

Enfin , vous voilà de nouveau sur pied et
sous les armes ; menaçant tout le monde sans
provocation quelconque ; et menacés à votre
tour de tous ceux qui se sont l'autre jour si
généreusement conduits à votre égard ! Menacés de tous vos voisins, qui se rassemblent et
se forment comme une digue, pour s'opposer
au retour des débordements destructeurs du
passé ! N'ont-ils nul droit de les craindre ? —
Vos déclarations doivent les rassurer ! — Eh !
vos déclarations ! et celles du passé ! et leur
si pénible expérience ! et votre chef, qu'il
n'est point nécessaire d'analyser !.....

Déjà les peuples de vos campagnes, de vos
ateliers, de vos cités, de vos flottes, sont tra-
vestis en guerriers exaltés et redoutables !
payera tout cela qui pourra, peu vous importe, vous êtes bien sûrs de n'en pas avoir les
moyens ; et de nouveau vous êtes encadrés,
resserrés, et par terre et par mer, par des ar-
mées formidables et des flottes sans rivales !

Le départ du Bourbon et le retour de Bonaparte ont seuls opéré ce changement si merveilleux, mais non pas imprévu de tout le
monde ; car constamment, celui qui a main-

tenant l'honneur de vous parler, l'a prédit avec douleur.

Avouez que, dans ce moment périlleux, vous ne savez que faire, et que vous ne devez pas faire ce que vous osez ! Que les plus faibles partisans de l'antique dynastie sont autorisés à fortement espérer ; que les plus forts amis de Bonaparte ont bonne raison de beaucoup appréhender.

Il existe pour ceci une raison si simple et si frappante, que je m'étonne de ne l'avoir point vu partir jusqu'à ce moment de quelqu'autre, et c'est pour cela que je vous l'offre ; car je ne voudrais pas m'occuper, ni vous entretenir que de ce qui viendrait de moi, et non pas rabacher les matières d'autrui.

Quand Bonaparte serait en effet tout ce que ses plus enthousiastes admirateurs veulent prétendre, et pour ne pas entamer encore une fois des discussions battues et rebattues jusqu'à la satiété, je le tiens pour admis ; il ne vous convient pas pour souverain, et ne pourra non plus jamais vous convenir. Sa souveraineté, fût-elle même possible, serait toujours pour vous aussi impolitique que malheureuse ; parce que le monde entier indigné contre lui, s'est déclaré ainsi trop

formellement pour pouvoir jamais s'en dé-
dire, quand même il le voudrait; et que
vous ne pouvez pas espérer, maîtres chez
vous autant qu'il vous plaira, de réussir à
conserver pour monarque, au mépris des
justes titres de votre vrai souverain, celui qui
déplaît à tout le monde, et contre qui tout le
monde s'arme et sévit.

Vous avez beau insister sur cette liberté
prétendue indépendante, qui vous assure la
faculté de faire chez vous tout ce qui vous
passera par la tête (ce qui n'est en effet qu'un
abus des mots et des choses); on n'est pas
maître, et on n'a pas le droit de faire chez
soi ce qui est nuisible à son voisin ; et il n'est
ni prudent ni politique non plus d'y faire ce
qui peut seulement lui déplaire, si par hasard
il arrive que ce voisin soit plus puissant ou
seulement aussi puissant que nous : encore
moins de faire ce qui peut déplaire à tous ses
voisins ensemble. Cela ne nous préparerait
qu'une très-triste existence. Car il en est des
nations comme de l'individu : on a beau être
riche, fort, *indépendant* si vous voulez, on
ne peut être heureux qu'autant qu'on jouit de
la considération publique, et que l'on se sent
l'avoir méritée.

Et, par suite du même raisonnement et des mêmes principes, quand le Bourbon serait le plus faible, le plus inepte des hommes (*), le plus méchant ou le plus fou, c'est lui seul qu'il vous faut ; c'est lui seul qui vous conviendra encore mieux que personne ; et finalement vous serez forcés, par une nécessité morale, de le rappeler, de l'accepter et de le garder.

Les législateurs et les publicistes qui , bien avant nos jours, et chez nous, et chez vous, et chez les autres (*étant bien faits pour le faire*), ont soigneusement examiné et minutieusement discuté toutes ces matières, faisant la base d'une monarchie héréditaire avant que de l'avoir reconnue et prononcée la meilleure, nous ont parfaitement démontré qu'il n'existait pas d'objection valable contre les avantages sans nombre d'un système composé pour la stabilité d'une nation, *non pas pendant la courte durée d'un règne quelconque, mais pendant de longs siècles à venir.* Or donc, non seulement le Bourbon a pour lui tous les droits de la légitimité et de l'hérédité, mais aussi tous les titres qui en découlent et qui naissent de la plus sage et de la plus saine po-

____

(*) Voyez la note à la fin.

litique que l'expérience datant de l'antiquité la plus reculée a consacrée.

Pour le principe de l'hérédité, vous mêmes vous en parlez; vous le décidez; vous voulez l'adopter dans la race de Bonaparte! Et qui vous assure, dans sa progéniture à venir, contre les mêmes hasards dont vous vous plaignez si fortement aujourd'hui, et *si mal à propos peut-être*, dans la race dont vous demandez l'éloignement? Et en chaque cas pareil, vous décidez-vous à toujours révolutionner de nouveau? à recommencer, d'époque en époque, les scènes scandaleuses et sans exemple de vos dernières vingt-cinq années?

Ainsi, non seulement, si je ne me trompe, outre qu'il est prouvé que le Bourbon a pour lui tous les principes et tous les droits; il a également, en même temps, tous les princes et tous les peuples de l'Europe qui se rallient à lui, et paraissent être en état de faire valoir encore ses prétentions cette année-ci, ou plus tard, comme dans l'année dernière. Il est même certain qu'ils doivent en avoir la volonté; car indépendamment des obligations que leur conduite passée, leurs déclarations solennelles, et l'honneur leur imposent; leur existence, la stabilité, l'existence même de leurs trônes respectifs, y est compromise, identifiée, amalgamée et confondue.

Français, le génie malfaisant qui vous a corrompus, le malheureux sentiment qui seul vous a gouvernés, depuis l'absence de votre gouvernement légitime, c'est l'égoïsme. Vous n'avez écouté que lui seul; et c'est lui seul qui, trouvant funestement le secret jusqu'alors inconnu, d'étouffer toutes vos belles qualités, tous vos sentiments généreux; vous a toujours aveuglés et défigurés, et vous égare et vous défigure encore. Soyez plus justes, au moins envers votre postérité; si vous vous décidez à l'affreux et peu sage parti de manquer de reconnaissance envers vos pères.

Il est dit que les affections descendent et ne remontent pas. Soit : mais aimez donc vos enfants, si vos affections et votre respect envers les auteurs de vos jours s'éteignent : sentiments qui vous faisaient autrefois une gloire nationale aussi, non sans valeur, et en cela du moins imitez l'exemple de vos pères. Ils ne travaillèrent jamais, eux, pour eux seuls; mais en même temps pour leur postérité. Faites-en autant aujourd'hui, et ne travaillez pas pour vous seuls, mais également pour vos petits neveux. Construisez un édifice qui sera à la fois superbe et stable : édifice auquel la postérité aura peu à ajouter, et seulement de temps en temps, quelques petites réparations à faire. Mais pourquoi construire ? Il existe déjà ce bel édifice. Les fondements, les murs, la charpente, les parties principales sont encore saines et debout, malgré vos chocs réitérés et votre violence haineuse. Restaurez-le. C'est plus court, plus aisé et plus sûr, que de recommencer à construire.

Cette simple exposition de votre état, et de la perspective qu'il vous présente, montre assez, je pense, la folie de la tentative que vous essayez maintenant : elle montre jusqu'à l'évidence, que parmi tous vos ennemis réels ou supposés, prétendus ou trop bien provoqués, vous n'en avez point de pires que vous-mêmes.

Le beau mot, en effet, que l'indépendance à votre mode !

Daignez examiner autour de vous, et voir si cette indépendance existe de la manière que vous vous plaisez à l'expliquer !

Mais elle n'est nulle part où il y a société humaine : nulle part dans la nature entière. Tout ici-bas est enchaînement perpétuel de soutien et de dépendance, de dépendance et de soutien. Cette dépendance constante frappe dans la moindre famille, dans la plus petite réunion, dans le plus chétif club, comme dans toutes les classes et dans toutes les castes, soit privilégiées, soit populaires, dont les rassemblements quelconques des hommes se composent. Elle règne parmi les nations entre elles. Sans cela elles ne sauraient plus subsister, et tout se précipiterait en chaos, contention, bouleversement et misère, comme nous l'avons vu chez vous pendant les accès les plus flagrants de votre trop célèbre révolution ; et même la plus puissante parmi les nations, si toutefois il en est une que l'on puisse désigner comme telle, et qui oserait se dire indépendante, celle-là, la plus puissante de toutes, dépendra encore de sa propre conduite, et de l'observation stricte de ces principes d'où elle tire son existence. Car parmi les nations, comme parmi les individus, peut-être en faut-il une prépondérante pour conserver les rapports et l'équilibre général, comme dans l'église, il faut un chef suprême pour conserver l'uniformité de doctrine et la paix dans les différents diocèses.

Si l'Angleterre eût osé chercher l'envahissement général de l'Europe, projet superbe qui vous a bouleversé l'esprit pendant vingt ans, elle pleurerait aujourd'hui (malgré ses flottes), sa démence et son injustice au milieu de ses affreuses ruines et de ses débris fumants.

Hélas ! si c'est toujours cette place trop dangereusement exaltée que vous briguez ; si rien que la domination générale ne peut satisfaire votre amour propre et contenter votre ambition qui doit être rassasiée de la gloire déjà obtenue, poursuivez ! car nulle raison humaine ne saura vous retenir. Bonaparte alors est assurément le mieux fait et le plus apt pour vous gouverner et pour vous y conduire.

Cependant les malheurs de vos revers aussi merveilleux que vos conquêtes , doivent vous avoir enseigné la modération ; vous avoir démontré combien est chanceuse cette suprématie, achetée à si grands frais ; et combien il est impossible , par la force physique seule , de la garder long-temps. Vous devez avoir appris maintenant à être moins confiants, et à craindre en pareil cas , même vos succès. Vous devez sentir que si absolument vous ne voulez exister d'autre façon que comme nation militaire, et par conséquent guerrière, tout en choisissant un tel chef, vous ne sauriez jamais réussir contre la volonté du monde entier qui s'y oppose; et vous finiriez, *pour avoir trop voulu,* par être vous-mêmes envahis. Il n'y a qu'un seul espoir qui vous sauve, c'est qu'il n'est pas dans l'intérêt de l'Europe de voir la France autre que ce qu'elle a toujours été, une monarchie légitime, vaste et puissante. L'Europe vous a donné, trop récemment pour que vous puissiez l'avoir oublié, la preuve et de cette nécessité, et de son désir à cet égard.

Mais si vous voulez, plus raisonnablement, vous contenter de vivre comme les autres; de reprendre les habitudes sociales de la vie civilisée et pacifique; il faut, encore une fois, revenir sur vos pas; rentrer dans les sentiers suivis par vos ancètres; adopter les principes de vos voisins, qui étaient les leurs; et rendre à César ce qui est à César, à Dieu ce qui est à Dieu.

Voici, Français, tout ce que je trouve à propos de vous offrir pour le moment; et je vous prie de croire que ne devant rien, ni au gouvernement de Bonaparte, ni à celui des Bourbons; n'espérant rien ni de l'un ni

de l'autre, et étouffant entièrément la ran-
cune légitime que la plus cruelle oppression,
la plus injuste captivité, et des pertes énormes
devraient faire naître ; je ne suis pas ennemi
du premier, parce qu'il est Bonaparte ; ni ami
du second, parce que c'est le Bourbon. Je
suis uniquement dominé par l'amour des plus
saints et plus sages principes, ou qui du moins
me paraissent être tels ; et par l'intérêt que
je prends à la France, aux Français, et à
l'humanité souffrante.

NOTE.

---

(1) Je ne prétends nullement dans ces pages, comme il est évident, ni faire l'éloge des Bourbons, ni le procès de Bonaparte. Je ne me permets pas même d'examiner ni les qualités, ni les titres qui seraient personnels à l'un ou à l'autre. Je parle uniquement de certains principes indestructibles, par lesquels seuls il est prouvé que l'on puisse assurer la perpétuité des familles, et en même temps celle des États. Ces principes sont indépendants et des hommes et des circonstances, et du sol et du climat.

Le Roi d'Angleterre est depuis trente ans plus ou moins dans un état de folie désespérante, et cela ne dérange en rien les intérêts du pays. La sagesse de la constitution monarchique et héréditaire a remédié avec prévoyance à tout cela; et c'est un événement dont aucun mauvais effet ne découle pour affliger le peuple. Mais quel terrible état de choses, quelle position effrayante, que celle de la nation dont la prospérité et l'existence ne dépendroient que d'un seul individu ! Qu'il tombe cet

être par excellence, si en effet il est tel ! et quoi après ?
La chute de l'empire avec lui, et des maux incal-
culables !

L'Angleterre, quoiqu'elle ait eu ses révolutions mal-
heureusement trop souvent répétées, ne les a jamais méconnus ces principes qu'une seule fois : vertige qu'elle
a si bien pleuré, que sa pénitence et son abjuration
devraient bien, dans le temps, avoir servi aux Français
de fanal salutaire.

Hors cette seule fois, elle les a toujours respectés,
même quand elle s'est cru forcée de s'en écarter : aussi
s'en est-elle toujours éloignée le moins qu'il lui fut possible ; choisissant constamment, à la place du souverain
que l'on perdit, celui qui, par la naissance la plus rap-
prochée, semblait lui être indiqué par la nature.

En effet, qu'y a-t-il de plus simple et de plus juste,
de plus agréable et de plus sacré, que de voir dans tous
les cas, et dans tous les états, le fils succéder à son
père, le frère à son frère, le neveu à son oncle, et le
cousin à son cousin ! Dans la vie privée encore, parmi
vous, cette succession se trouve si bien être conservée,
qu'en cas de folie ou d'imbécillité, ou de rage déclarée
incurable, l'individu n'est pas pour cela privé de ses
droits naturels, en faveur du premier étranger qui se

présentera avec du talent et du génie. Point du tout. Vous lui donnez des tuteurs, et la marche de la justice et de la nature est sans interruption.

C'est ainsi que nous en usons, et que l'on doit en user partout envers les héritiers des monarques. Non pas seulement parce que ce sont des monarques, et revêtus nécessairement d'un caractère plus sacré qu'un homme ordinaire ; mais spécialement parce que le bonheur et la durée des peuples dépendent absolument de cette conduite si sage : conduite qui a résisté à toutes les épreuves, et, non sans bonne cause, a reçu le cachet des siècles. Pour les avoir méconnus, ces principes, l'empire romain se perdit après mille années de convulsions et de désastres. En les respectant, l'empire de la Chine, qui comprend plus de cent trente millions d'âmes, subsiste toujours florissant au bout de cinq mille ans que nous leur accordons, et de dix mille ans, selon leurs calculs et leurs assurances.

Que l'on ne m'objecte pas ici l'exemple isolé de l'Amérique ; pays relativement si nouveau et si petit, si éloigné et si pauvre ; et qui se rendra assurément, au premier moment, à ces principes, à mesure qu'il avancera en nombre, en richesses, et dans ce luxe de la civilisation qui s'en suit. Une aristocratie de richesses et de considération s'y est déjà formée qui demande évidemment un chef monarchique. Et où est-il cet homme hardi qui m'assurera de sa durée comme état républicain, pour seulement trente ans à venir?

Les républiques si fameuses de la Grèce ont fini toutes par là; et n'ont conservé leur longue existence qu'à la faveur de leur petitesse, de leur peu de population, et surtout de leur pauvreté; de leur défaut de commerce et de ces arts commerciaux et productifs qui l'alimentent.

MÉMOIRE

ADRESSÉ AU ROI,

LE 13 MARS 1815.

—

SIRE,

L'on vous trompe et l'on vous trahit partout! L'ennemi est non seulement sur votre sol, mais dans votre capitale, à vos portes, dans votre cabinet! Ses agents et ses complices vous entourent, et vous considèrent déjà comme leur conquête et leur proie! L'intérêt que m'inspirent vos vertus, et que je prends à votre bonheur personnel, ainsi qu'à la prospérité de votre trône, à l'ouvrage et aux voeux de ma nation, m'enhardissent à vous le dire, et me font mettre à genoux, afin que vous me fassiez l'honneur de m'entendre. Il y va de votre empire, de votre trône, de votre existence, de celle peut-être de toute votre famille vivante ; et il n'y a que votre postérité qui doive espérer !

Éloignez, Sire, les traîtres de vos conseils; arrachez-leur les armes meurtrières qu'ils ne sauraient jamais porter avec bonne volonté que contre vous et les vôtres. Ils sont faciles à distinguer ; et *quoique la règle puisse faire injustice à quelques dignes individus*, les exceptions ne doivent point paralyser les principes qui sortent de la nature des choses. Pour être généralement juste, il faut risquer quelques injustices isolées : car le salut de la masse et de vous-même, de la France et de l'Europe, ne pourrait se payer trop cher par de tels sacrifices.

Sire, tout homme que les chances, *pour ne pas dire les crimes* de la révolution, ont placé dans un poste qui est désavoué par sa naissance, doit être un objet suspect : il doit être éloigné et neutralisé. Il n'est pas dans la nature que de tels individus qui, par leur essence et leur existence, sont les partisans des révolutions et les suppôts de Bo-

naparte, puissent être vraiment dans les intérêts d'un monarque légitime et d'un systême
qui les exclut. Leur affectation de loyauté,
l'abandon prétendu de leurs anciennes er-
reurs, leur pénitence simulée des anciens
délits, même leurs services évidents rendus
au nouvel ordre des choses, ne doivent
être regardés que comme les résultats de
leurs coupables calculs, et de leur persistement
à ne pas vouloir se dessaisir des honneurs,
des richesses, du rang et de la domination
que la révolution leur a fait acquérir. Il n'y a
pas de remède dans la pharmacie morale et
humaine qui puisse jamais faire oublier à ces
hommes l'origine d'où ils viè
nent, et la vérita-
ble place que leur désignait la nature dans la
société française. Il n'y a pas de politique,
ni de philtre, qui puisse leur ôter du cœur
la haine enracinée qu'ils portent et qu'ils
porteront toujours, à tous ceux de vos serviteurs plus dignes de l'être, qui vous sont
restés fidèles, et que la naissance montre
à cent pieds au-dessus d'eux : pour ne rien
dire de leur fidélité, et de cette pureté ho-
norable qui ne leur a jamais permis de se
souiller par les ordures de la révolution. Il n'y
a rien qui puisse leur ôter de l'esprit que ces

hommes, *nés leurs supérieurs et leurs maîtres,*
les regardent avec mépris, et restent toujours
leurs ennemis jurés. Or, Sire, comment
concilier deux choses si diamétralement op-
posées ? Réunir l'eau et le feu, le vice et la
vertu, la révolte et la loyauté, et faire paraître à la fois, en plein jour, le soleil et la
lune, sont choses également impossibles.

Ils sont, Sire, tous Français, tous vos enfants, et votre cœur paternel n'en veut voir
que de tels. Eh soit, Sire : que votre bonté
détestant le sang, les pardonne tous, quoique
criminels, *pour en faire l'essai.* Mais le père
le plus tendre, Sire, ne distingue-t-il pas ses
enfants dénaturés de ses enfants fidèles ? et,
s'il s'abstient de punir, donnera-t-il également
sa confiance aux plus méritants et à ceux qui
l'ont trahi et assassiné ?

Éloignez, Sire, tous les traîtres si aisés à
reconnaître ; et qui, selon toute justice et toute
raison, doivent être soupçonnés d'être tels : et
si vous les renvoyez *absous* pour le passé,
rendez-les, du moins, *impuissants* pour l'a-
venir.

L'étendard royal n'est-il pas encore entouré, même dans la petite masse d'ancienne et illustre noblesse que les sanglantes persécutions de la révolution et la faulx du temps, et les chagrins et les misères d'émigration ont épargnée, d'assez de talents et d'assez de vigueur pour vous conseiller et pour vous défendre ? Et n'ont-ils pas, par leurs pertes non réparées, et leurs souffrances non récompensées, autant et plus de droits à ces distinctions dont leurs ancêtres se sont montrés si dignes, que les hommes de la révolution ?

Eh bien ! si tel est vraiment l'affligeant état de ce loyal débris, c'est alors, et seulement alors, que l'on devrait chercher plus loin. Faites alors de nouveaux hommes : ou choisissez parmi l'étranger des gens non coupables, et non infectés des principes révolutionnaires ! Mieux vaut-il que la France souffre momentanément l'infortune d'une administration telle, que de redevenir la proie des *jacobins* et des *terroristes ;* et d'ensanglanter de nouveau le trône, l'autel, ses provinces, et l'univers.

Pardon, Sire, mille fois pardon, si mon zèle indiscret me pousse, étranger que je suis, aux pieds de Votre Majesté, pour vous offrir

respectueusement des avis peut-être importuns.
Daignez croire que les motifs les plus purs,
l'affection la plus inaltérable pour les vrais
principes qui sont seuls capables de constituer
le bonheur des Français et de l'homme en
général, m'animent à ce degré d'audace.

Dans ces sentiments, j'ai l'honneur d'être,
SIRE, avec le plus profond respect,

DE VOTRE MAJESTÉ,

Le très-humble et très-obéissant
serviteur,

★★★ ★★★

Paris, ce 13 mars 1815.

SECOND MÉMOIRE

ADRESSÉ AU ROI,

LE 16 MARS 1815.

———

S IRE,

Quel spectacle effroyable, mais cependant non difficile à prévoir, que le trône des Bourbons prêt à être de nouveau renversé par un aventurier corse, quand, après vingt-cinq ans de travaux, les puissances européennes coalisées ont à peine réussi à le lui arracher et à le relever !

Hélas ! et pourquoi cela ?

Pourquoi, Sire, revient-il cet homme pervers, ce nouvel Attila, ce nouveau fléau de l'espèce humaine ; le perturbateur de la France, de l'Europe et du repos du monde entier ?

Parce que, Sire, il y a dix mois, au lieu d'user de rigueur et de punir un grand coupable ; de trancher en sa personne, la tête et le point de ralliement de toute rébellion future et de tous les révoltés, on a usé d'une dangereuse clémence, d'une fatale magnanimité !

Quand le berger tient le loup, il l'étrangle ; et quand la bête est morte, son venin s'éteint avec lui :

« *Morte la bestia, morte è il veneno !* »

Il revient, Sire ! parce que non seulement on a eu la maladresse de laisser filer tranquillement une vipère qu'il était du devoir de l'humanité d'écraser, mais qu'on l'a installée avec pompe en souverain ! On a eu l'air, en le dotant, de rendre une justice éclatante à un mérite réel ! On lui a donné de l'argent pour séduire, pour corrompre et pour acheter des hommes et des secours ! On a laissé à lui et aux siens, liberté plénière de courir les mers et les terres ; de correspondre, d'intriguer partout ! On conserve en place toutes ses créatures, qui, par une communauté d'origine, de carrière, de crimes et d'espérance, ne sauraient cesser d'être à lui ! Ses parents et ses alliés brillent encore, sur des trônes usurpés; et les fidèles serviteurs d'un Roi proscrit, les proscrits ruinés par l'émigration, et les souffrances de vingt-cinq ans, restent toujours privés de leurs biens légitimes, et dévoués à la misère! En même temps les spoliateurs et leurs complices dominent toujours, seigneurs dans leurs châteaux, et sur les terres de leurs ancêtres, d'où ils rient et se moquent de ces révoltants oublis! Voilà une masse d'amis pour Bonaparte, par l'intérêt, par la crainte, par les dépouilles qu'ils possèdent, et puissants en raison de leurs richesses mal acquises et l'impunité qui leur est assurée!

Il revient, Sire, parce qu'une nation accoutumée sous lui à une verge de fer, au sang, au pillage et à de grands et terribles mouvements sans cesse réitérés, ne sait plus goûter les bienfaits de la paix; se remettre à une vie tranquille et honnête; et apprécier, comme il le mérite, le gouvernement paternel du meilleur des Rois. A leurs yeux aveuglés, à leurs sens corrompus, la bonté, c'est de la mollesse; et l'indulgence, c'est une lâcheté qui craint et qui tremble de les offenser.

Il revient encore, Sire, parce que, à son retour, la grande masse du peuple, tout ce qu'il y a de plus bas et de plus vil, espère de nouveau, sous son régime usurpateur, jacobin par essence et ami de l'égalité, de se frayer comme par le passé, un chemin aux premières places, aux plus éclatants honneurs ; et que sait-on ? peut-être au trône même, comme lui, en foulant aux pieds tous les principes sacrés de l'ordre social sans quoi nulle société humaine ne peut subsister un an paisiblement ; ni même un jour, à moins que l'Europe entière ne veuille accepter les mêmes maximes, et les approuver toutes dans leurs plus terribles et leurs plus extravagants excès.

Mais comment maintenant le repousser, cet homme audacieux, criminel et désespéré ? Comment le repousser lui et sa tourbe affamée de nouveaux délits ; de nouveaux carnages et de nouvelles confiscations ; pour remédier à la misère du vice, et occuper leur activité criminelle ?

En présentant, Sire, aux Français, dans l'instant même et sans ménagement, le tableau vrai, *exagéré plutôt qu'adouci*, de la position de leur ennemi : de ses forces, de ses calculs, et de son espoir, afin de bien éveiller et de faire monter au point nécessaire la loyauté et l'énergie de tous les bien-pensants. Sans doute que Votre Majesté a toujours assez de sujets fidèles, sans doute qu'il existe toujours en France assez de gens de bien et bien sensés, pour calculer à-la-fois tout le prix de leur bonheur actuel, et de leur bonheur à venir, pour s'élever et repousser efficacement les tentatives de l'usurpateur. La gloire, la paix, la liberté et le bonheur sont d'un côté ; de l'autre c'est la honte, la guerre, l'esclavage et la misère, envenimées toutes par l'animosité implacable et le mépris profond du monde entier ! Sauront-ils hésiter ? Mais afin qu'ils déployassent tout leur courage, il faudrait, Sire, je pense, leur montrer tout leur danger.

Le résultat, on doit l'espérer, ne pourra qu'être heureux pour le salut d'un aussi digne Roi, pour le bonheur d'un aussi beau pays, pour l'honneur des Français, et pour la tranquillité générale de l'Europe. Eh ! qu'ils se lèvent à cet appel, les gens de bien ! et pour cette fois-ci, que la lutte se termine à jamais, par l'extinction parfaite de son auteur ; de lui et de ses principaux adhérents. On a su trouver, Sire, des juges, des bourreaux, des assassins pour le plus vertueux des Rois, et on n'en trouvera point pour le plus coupable des criminels !

Au pis-aller, Sire, on apprendra par ce moyen jusqu'à quel point la France est vraiment digne de vos soins et de la considération du monde : on saura sur quoi son Roi peut vraiment compter, et de quoi il doit dépendre. Alors, cela étant insuffisant, il ne lui reste de recours que chez l'étranger et ses Alliés intéressés comme lui à sa conservation.

Et pour éclairer et décider, Sire, ceux que le défaut d'instruction, le manque de lumières, ou la faiblesse de leur esprit laissent encore dans un état ou d'apathie, ou d'indécision, ou de tiédeur ; il faut mettre devant leurs yeux dans le même tableau, le portrait de la tyrannie atroce et sanglante de Bonaparte ; tyrannie impitoyable et universelle, égoïste et ruineuse, folle et détestée de l'univers entier ; en contraste avec le gouvernement doux, sage, réparateur, du plus vertueux des monarques, du plus chrétien des Rois, du plus tendre des pères, et du plus admirable des hommes!

Sire, dans un danger imminent, dans un cas aussi périlleux, je crois ne devoir pas taire ce qui se passe dans mon esprit, tout indigne que cela puisse être du vôtre. Cette communication servira au moins de témoignage auprès de Votre Majesté, avec quel dévoûment et quelle sincérité je suis,

SIRE,

DE VOTRE MAJESTÉ,

Le très-humble, très-respectueux, et très-fidèle serviteur,

★★★ ★★★

Paris, ce 14 mars 1815.

POST-SCRIPTUM.

Lors de l'arrivée de l'empereur, je lui prédis un règne de trois mois. Il s'est rendu à Paris le 20 mars ; il fit son abdication le 20 juin ; ainsi trois mois juste, jour pour jour, ont rempli ma prédiction. A l'époque de la rentrée de Sa Majesté, Louis XVIII, je prédisais également, vu la marche de son gouvernement, à plusieurs chefs civils, militaires et ecclésiastiques des plus distingués, les événements qui viènent d'avoir lieu : mais sans marquer précisément les époques. Ces circonstances, ainsi que bien d'autres de la même sorte, m'enhardissent, et m'autorisent, je pense, à donner plus de liberté à mes idées ; surtout à celles contenues dans ces pages, car je n'y trouve pas une ligne qui ne soit déjà confirmée par les événements.

Maintenant que la France se voit de nouveau en proie à un nouveau Directoire, à de nouvelles réquisitions, à de nouveaux assignats, à de nouvelles guerres civiles, et à cinquante partis enragés, tous prêts à en venir aux mains entre eux, à dévaster et à ensan- glanter tour à tour, ce beau et trop malheureux pays, il est plus que jamais temps, plus que jamais urgent, de saisir avec empressement et avec une détermination mâle et inébranlable, le seul parti qui puisse le sauver; d'abandonner pour jamais toute chimère, tout système nou- veau; et de se rallier universellement et pour toujours, à son monarque légitime et aux prin- cipes des Européens.

Paris, ce 25 juin 1815,

DE L'IMPRIMERIE DE C.-F. PATRIS, rue de la Colombe en la Cité, n° 4.